JN439191

바람의 눈

바람의 눈

박석현 제5시집

계간문예

| 시인의 말 |

자서自序

내 눈은 바람의 눈이다.
바람이 분다.
어디서나 불고 언제나 분다.
일어났다 사라지고
사라졌다 일어난다.
내 눈은 적막한 바람꽃이다.
바람꽃은 내 외로운 영혼의 노래다.
바람의 눈은 늘 불안하다.
바람꽃은 늘 미완성이다.
하늘 사람 옷은 꿰맨 흔적이 없다는데
나는 언제쯤
일부러 꾸민 데 없이
걸림 없는 시 한 수 써 볼 수 있을런지?

국은

차례

제1부 물빛바람도 색깔이 있다

제2부 가을빛 그리움

제3부 가릉빈가의 꿈

제4부 바다의 속성

제5부 세계평화의 종

제1부

물빛바람도 색깔이 있다

바람의 눈

내 눈은 좋은 일이나 궂은일이나
때로는 사막의 구름도
초원의 별꽃들도 반려자가 된다
어느 날은 모래바람으로
어느 날은 용광로 같은 햇살로 담금질한다
때로는 낙타 등에 업혀
하얗게 밤을 지새우기도 한다
세상을 안겨주는 것은 하늘의 뜻이다
내 눈은 죽어서도 묻히지 않는
적막한 바람꽃이다
인생은 미완성, 물레방아도
물이 없으면 돌지 않는다
외로운 바람소리가 내 영혼을 울리면
눈을 크게 뜨고
바람꽃을 피워야지.

바람의 정원

바람이 바람을 끌고 와
꽃을 피웠습니다

바람의 정원엔 꽃이 만발하였습니다

한 바람이 불면
한 송이 꽃이 피고

한 바람이 또 불면
한 송이 꽃은 집니다

먼 하늘 별빛이 반짝입니다

바람꽃이 하늘꽃으로
하늘꽃으로 핍니다.

바람 부는 날

햇살을 휘젓는 물결소리에

출렁이는 설레임,

허공에 혼을 맡기고

솔개여!

바다로 가라

파도소리 뒤엉킨 소용돌이 속으로

바람의 눈귀로,

바람결에 걸린 낙엽처럼

그렇게 가라.

저 바람소리

깜깜한 어둠 속에 우는 저 바람소리
호박꽃 같은 설움에 지쳐
지울 수 없는 멍든 가슴으로
보랏빛 꿈을 안고 비몽사몽 헤매던
태생적으로 허약한 근골로
채울 수 없는 허기로
세상의 벽에 막혀
젊음은 소요되고

푸른 밤 꿈속에서
하늘 사다리를 오르던 날
붉은 가슴에 불던 저 바람소리
이제는
시간과 바람이 트라우마를 지우고
밑도 끝도 없는 외로움에
가을을 적신다.

바람 같은 것

좁은 너설 길도 헤집고 다니는
집시 같은 바람
밤이나 낮이나 틈만 나면
가만히 머물 수 없는 개구쟁이
너의 발길이 머무는 곳이 어디든
밀려왔다 쓸려가는 구름 같은 바람둥이
너의 길이 바다로 막히면
폭풍우를 동반할지도 몰라
때로는 봄볕 같은 입김으로 다가와
사랑을 속삭이지만,
때로는 세상을 뒤집을 것 같은 망나니
산다는 건 바람 같은 것,
칼날 같은 바람 길에도 사랑이 묻어 있을까
살다보면 바람마저 얼어붙었던 그날들이
바람결에 사라진 그날들이
그리메지며 그리워질 때가 있다

바람의 집

세상이 처음 열릴 적에도 바람은 불었겠지
살아남으려면
바람을 기다릴 줄 알아야 한다
거미는 1억 년도 넘게
바람을 기다리며 살았다*
기다리던 바람이 오면 거미는 하늘로 올라가
꽁무니에서 끈적이는 실을 뽑아 바람에 날린다
끝자락이 올라붙는 곳이 어딜까
그 사이 허공은 집터가 된다
거미의 의지와는 관계없이
집터는 바람이 결정한다, 운명이다
아무것도 없는 허공에 지은
공들인 집도
바람이 한순간에 무너뜨리면
또 다른 주인을 기다려야 한다
애써 지은 '바람의 집'도
바람을 품지 않는다.

*중생대 백악기 시대(약 1억 3천만 년 전)에 거미화석이 발견되다.

물빛바람도 색깔이 있다

물빛바람이 진하게 분다
샛바람인가 마파람인가
모슬포 마파람은 감청색이었나
지리산 칼바위 장터목을 오르다가
맞닥뜨린 산바람은 파랗게 시리고
논산훈련소의 그 흙바람은 황토색이었지
캄차카 강기슭에서 부는 물빛바람은
극한의 고통 속에서 사투를 벌이던
연어의 젖빛이었나
다려도 금잔옥대수선화의 따슨 바람은
황금색이었지
물빛바람도 색깔이 있다
달맞이길 솔잎 사이로 파고드는 햇살은
파아란 물빛바람을 유혹한다.

우주의 언어

별빛이 비치는 바이칼 호숫가에 앉아보면
태곳적 숨결이 흐르는 듯,
자작나무 숲길에는 어떤 신성한 음성이
들리는 것 같기도 하고
고비사막의 명사산에 올라
석양빛에 바라보던 그 사구의 주름은
물결로 착각하지 않았나,
달빛이 비치면 명사산鳴沙山이 운다고 하지
적요한 숲길에서 청초한 꽃잎을 보면
달빛을 거니는 여인을 만난 듯 가슴 조이지

네 마음의 귀를 열어 봐
달빛도 별빛도 느껴 봐
바람소리도 들어보고
별빛 가슴으로
자연의 숨소리를 들어 봐
사랑일까
영혼일까.

어떤 사람이 귀인인가

사람을 진실로 알려면 구멍을 보아야 한다
구멍 관상觀想이다

눈구멍은 두 개지만 보는 기능 하나다
무엇을 보느냐, 바로 보느냐가 문제다
콧구멍은 두 개로 숨쉬고 냄새를 맡는다
입 구멍은 하나지만 먹고 말을 한다
귓구멍은 두 개지만 듣는 기능 하나다
신은 왜 구멍을 두 개나 주고 기능은 하나만 주었는지
하나의 구멍만 주고 기능은 둘이나 주었는지 헷갈린다
입 구멍 하나에 기능은 둘이나 주었으니
조심하고 삼가라는 뜻이다
귓구멍은 두 개나 되는데 기능은 하나만 주었으니
남의 말을 많이 들으라는 거다

귀인貴人은 귀가 아름답다.

천국에는 개성이 없다

안이나 밖이나
이상주의자들인지 현실주의자들인지
복면을 하니 똑같다
바퀴벌레들은
민낯으로도 그놈이 그놈 같다
21세기는 샘샘이다
짝퉁이 진짜 빰친다
시뮬라크르*의 세계
가상이 실재보다 더 실재 같은
허구가
현실을 넘보는 세상
누가 누구를 보고 시비를 거나
불씨는 아직도 살아 있다
절대주의자들
드디어 유토피아가 실현되려나 보다
천국에는 개성이 없다.

*simulacla(프) : 복제물을 다시 복제한 것을 말한다.

타임캡슐

죽고 나면 해골바가지가 될 그 속에
꼭꼭 숨겨둔 내 유년의 기억들을
끄집어내고 싶은 충동이 가끔 일어난다
어제 오늘 일어난 일도 모르면서
어릴 적 내 맘 속에 숨겨놓았던
슬픔도 부끄러움도 고스란히 간직하고 있다
그 속엔 천년을 꿈꾸던 꿈도
사랑도 그대로 감춰두었다
언젠가
세상 밖에
나의 진면목이
드러날 날을 기다리고 있는지도 모른다.

에어서큘레이터

백여 년만의 폭염으로 들끓다가
주말 기온이 갑자기 7°~8℃로 떨어져
몸의 경계가 무너졌다
자신의 관행에 반란이 일어났다
체온은 급격히 떨어지는데
에어서큘레이터에 길들어진 체온은
스스로 조절하지 못하고 몸살이 났다
한기寒氣가 체온의 평상심을 교란시켰다
개구리가 열에 서서히 죽어가는 꼴이 아니라
급격한 한기에 미쳐버린 꼴이다
프로파간다의 마취에 진실은 무너지고
생활은 뒤집힌다
본능은 이성의 한계를 이미 벗어났다
더우면 더운 대로 사는 개미들이 웃고 있을까.

코스모스 이론

자연의 이치는 제철에 피는 꽃이다
작은 잡풀까지도
제 나름의 질서와 존재 이유가 있다
돌도 흙도 있을 곳에 있지
함부로 있는 게 아니다
바위가 누운 곳도
그의 야성에 기인한다
멧새 솔개도 훨훨 날아야 산이다
하늘은 언제나 더도 덜도 주는 법 없다
자연은 철따라 색깔도 바뀌고 모양도 변한다
그것이 하늘의 조화다
바람과 눈비도 때를 맞춰 격을 받친다
삼라만상이 다 있을 곳에 있다
제 입맛에 맞지 않는다고 두덜대지 마라
자기에게 주어진 뜻이 무엇인지
곰곰이 생각해볼 일이다.

내 별은

담쟁이는 담 벽을 타고 오르고
해바라기 꽃은 해를 따라다닌다
고구려인은 삼족오三足烏를 숭상했다지

까만 밤하늘을 쳐다봐

하늘에는 별도 많다
큰 별 작은 별, 파란 별 흰 별
'창백한 푸른 점'*에서 보면 별의별이 다 있다

별에도 생명이 있을까
반짝이는 섬광들!
당신의 눈빛은 살아있는 마음의 빛이다

당신의 별은 어디 있을까
진실로 자신을 사랑한다면
자신의 신성을 찾아 봐.

* 칼 세이건이 보이저에서 '지구'를 보고 외친 말이다.

시간의 무게

현대인은
황홀한 욕망의 늪에 빠져
끝없이 헤매는 시간의 방랑자다
늘 쫓기기만 한다
시간 단축 경쟁이 치열하다
가슴에 별을 품은 이도
시간의 급류에 정신이 없다
기다림, 느긋함이 없는 시간은
그리움이 없다
시간은 그림자가 없다
바람이 스치는 찰나
아무 느낌도 없다
시간은
가벼운 먼지가 되어
바람과 함께
사색을 날려버린다.

살다 보면*

살다 보면
어쩌다 맨땅에서 넘어질 때가 있다
아무도 일으켜주지 않아도 일어서야 한다

살다보면
어쩌다 멍하니 길을 잃을 때가 있다
방향도 모르면서 길을 찾아 나선다

살다 보면
어쩌다 눈물 속에 꽃이 필 때가 있다
나무꾼이 천사를 만나듯이

여기저기 군눈 팔지 말고
결코 서두르지 말고
뚜벅뚜벅
가없는 사랑이 머무는 곳을 향하여.

* 이근배의 시 〈살다가 보면〉을 읽고.

생의 변辯

젊은 날엔 밝은 눈, 발밑만 살피다가
이제는 눈먼 눈
머~언 등성이를 바라보고 있다

아롱아롱
아지랑이 봄볕을 끓이다가
꽃잎 떨어지고 새잎 피우듯이

자글자글
태양열이 땡볕을 끓이다가
짙푸른 잎 낙엽지고 열매 익어 가듯이

부글부글
욕망이 탐욕을 끓이다가
마음 비워져야 삶도 익어 가듯이.

나는 너를 버릴 수 없는데

어떻게 하면
네 마음을 얻을 수 있을까

머리를 버리고
가슴으로 보아야 한다고*

생각을 끊으면
마른 가슴에 꽃이 필까

나는 늘 나만 생각하고
내 머릿속에는 나만 들앉아 있는데

나를 버리면
네 마음을 얻을 수 있을까.

* 까비르의 〈소중한 비밀〉에서 따온 말.

숲을 보려면 숲을 떠나야지

사랑에 흠뻑 빠진 이는
사랑을 모른다

숲을 보려면 숲을 떠나야지

거울을 볼 때 너무 가까이서 보면
전체를 볼 수 없다
세상 전체를 보려면 세속을 떠나
홀로 침묵해야 할 까닭이 여기 있다

홀로 생각하는 이
그의 눈이 안으로 파고들면
내면의 눈이 밝아질까

외롭고 멀리 보는 눈이
세상의 진실을 읽을까.

종심소욕불유구*

누가 경계를 그었나,

말뚝에 매어진 고삐

풀어놓은 줄 모르고

하루 종일 거기서 거기

벗어나지 못하는

길들여진 짐승

누가 자유롭다고 했나

구름은 태생적으로 하늘에

별자리를 보고 떠다니나.

* 공자는 인생 칠십이면 마음 가는 대로 행동하여도 도리에 어긋남이 없다고 했다. (七十而從心所欲不踰矩)

욕망이란 허방다리

한 송이 꽃을
꺾기만 해도
마음이 흔들린다는데

모든 이의 가슴 속에는
사랑의 강물이
흐른다는데

그런데, 왜
다들
목마름에 울고 있나

모두가 불길 같은
욕망의
허방다리에서 허우적거린다.

제2부

가을빛 그리움

바다, 바닷새

바다가 심심해서
물새를 불렀나

물새가 외로워서
바다를 찾았나

사실은 바다
물새가 그리웠을 거야

파도 나래 어울려
하늘빛으로 비치는 걸 보면.

계절 감각

여름이 휩쓸고 간 백사장에
낙엽처럼 뒹구는 햇살

검푸른 물결이 빚어내는
쪽빛 바다의 숨결

햇살이 휘저어 놓은
물결과 물결 사이

하얗게 부서지는 파도의
포말 같은 외로움

날개 꺾인 새가
하늘을 올려 보듯

외로움이 퍼덕이는
가뭇없는 시간의 흔적.

가을바람

오오, 그리운 모나리자
아, 차가운 아모르

사랑은
왜, 가을바람 더불어
그리움을 몰고 올까

잎새 사이로
가을바람이 울고 가면
나뭇잎은 노을처럼 젖는다

낙엽이 바람 사이로
바람이 우우 낙엽을 밟고 가면
하아얀 그리움이 바람 따라 운다

오오, 그리운 모나리자
아, 차가운 아모르.

찔레꽃

하얀 찔레꽃은 가시가 있어
다가서기 어려워도
아픔이
눈물로 출렁이며
향내를 뿌린다

사랑도
아픔 없이
눈물 없이
어찌
아름다운 꽃을 피우겠는가

시리고
쓰린 눈물
꽃눈 속에 감추었다가
눈부신 푸른 오월에
멀리멀리 날려 보내고 싶다.

하아얀 눈물

바람도 숨죽이고 있는 한낮
빈 화원에
누군가의 영혼이 날아온 듯
나비 한 마리 나폴댄다

콩깍지 같은 허공에
꽃비를 뿌리면
영혼이 울고 갈까

하아얀 눈물이
이슬처럼 풀잎에 맺히면
한세월 걸어온 길
허물 벗듯
맑은 물빛으로
하늘꽃을 피울까.

사랑의 그림자

지워지지 않은 그림자
스쳐가는 바람소리
서러운 눈물
아무도 그대 심연 알 수 없네

초록의 꿈들이 어둠에 깔리고
비틀거리는 낯선 길
말없이 허우적이는데
흩날리는 낙엽만 서럽게 쌓이네

상채기지며 달려온 길
바람 불어 밤하늘 맑아지면
별빛에 묻어 둔 사연
한 송이 꽃으로 피어날까.

가을빛 그리움

싱그럽던
햇살이
가슴앓이 하다가
노오란
은행잎으로 뒹군다

바람에
쓸리는 소리
영혼이
떠나간 적막감이
하얗게 젖어온다

파아란 하늘
갈망의 눈빛
맑고
높은 몸짓으로
그리움을 부른다.

가을의 기도

폭풍우가 휘몰아치던
여름의 열정이
어느 새
하얀 가을바람에 뒹구는
가랑잎 소리로

시린 가슴으로
외로움을 붙들고
옛 얘기를
깨우는
적막한 바람소리에

사랑하던 것들은
모두 가버리고
파도처럼 굽이치는
회한에
눈시울 적시는 가을의 기도.

하늘이 푸르른 날은

하늘이 높고 푸르른 날은
그대 향한 그리움에 가슴이 울렁거려요

그날은 눈부신 햇살이
당신의 가슴에 불을 지폈나 봐요
난, 별빛 같은 그대 눈동자
미더운 눈웃음에 눈멀었지요
바람결에 향기로운 내음이
당신의 온몸을 감싸고 있었지요

아직도 하늘이 푸르른 날은
그대 향한 그리움이 머물고 있나 봐요.

겨울 연가

가슴 출렁이는 꽃빛으로
아픔을 참고
속울음 태우던 불꽃 사랑

물안개 피어오르는
정갈한 새벽
신의 자비에 이끌려
언덕에 올라
따스한 가슴으로
울리던 사랑의 울림

슬픔도 찬란한
존재의 아름다움
거친 물살 거슬러
노를 저어야 한다,
눈부신 꽃무등을 향하여.

눈이 내린다

새벽빛 하얗게
아픈 발자국 지우며
따슨 가슴으로 하늘 땅을 품는다
넉넉한 덕유德裕의 산빛이
스산한 겨울나무들을 다독이며
숫눈 위에 꽃눈
맑은 웃음 웃고 있다
개구쟁이
산토끼처럼 산으로 들로
나부대던
잊혀진 시간들이
소리 없이 흩날리고
눈꽃인지,
눈물꽃인지
세상을 굽어보는
여린 영혼의 사랑이었을
하얀 눈이 내린다.

대지의 꿈

앙상한 가지에 바람이 인다

그 겨울
긴긴 날
그대 향한 그리움이
은빛물결로 일렁인다

차가운 눈비 맞으며
인고의 끝에
눈부신 햇살이
그리움을 적신다

모질게 떼어버린 상처에
새움이 돋는다

너의 가없는 사랑이
시련에 피는
한 떨기
꽃을 피우려나.

황혼까지 사랑을

하얀 가을바람에
바위에 비낀 고목
저녁노을이 앉으니 아름답다

구름은 바람 따라가고
사람은 구름 따라 흘러
하얀 옷을 입는다

나뭇잎은
인고의 시간을 태우며
낙엽으로 지듯이
사람은
오랜 침묵과 기도로
노을 속으로 잠긴다

아, 산다는 것
늙는다는 것
노을처럼 아름답다.

저 하늘빛

빈 하늘가에
단풍빛 노을이 물들면
당신과 마주했던
시간의 강물도 노을되어 흐른다
그대 볼에 피던 무지개는
시간 속으로 사라지고
사랑의 그림자는
마음 속 깊은 곳에서
구름처럼 떠다녔다고 속삭인다
햇살 푸른 숲속에
파랑새는 날아가 버리고
지울 수 없는 시간의 흔적은
아직도 마음 숲에 머물고 있는데
마른 잎 바람소리에
불현듯 가슴 저미는 저 하늘빛
하늘빛이 눈빛을 흐리운다.

비 갠, 황혼을 거닐며

한여름 가뭄에 백년만의 폭염이 덧밀어대더니
가을 장맛비가 추적거려
난 골방에 쳐 박혀 눈알만 굴리다가
비갠 저녁나절에야 푸른 하늘 보고 싶어
달맞이 길을 나서다
맑게 갠 남청색 바닷바람이 가슴으로 파고든다
당신의 가슴 속에 머물고 싶었던 그날도
오늘 같은 날이었지
당신의 꽃이 되고 싶어
내 안의 당신을 찾던 날
사랑의 그림자는 미처 못보고
비온 뒤의 황혼은 당신의 뒷모습처럼
가슴이 미어진다
길섶에는 꽃무릇이 꽃불같이
정염을 피우고 있는데
씨앗을 맺을 수 없어 '슬픈 사랑'*이라
나의 사랑도 꽃무릇을 닮았나 봐

* 꽃무릇의 꽃말.

부겐빌레아 꽃을 피우고 싶어요

차가운 눈비가 내리는 날
난 당신을 불러요
내가 흘려 보낸 시간들 가슴으로 적시며
내 영혼의 마지막 숨결로
당신을 소망하며
차가운 눈발이 흩어지는
이 겨울에
부겐빌레아 꽃을 피우고 싶어요
어쩌면 이 세상 다시 볼 수 없다 해도
불타는 남국의 태양을 삼킨
눈부신 정열의 꽃
마음 속 깊이 간직하고 싶어요
스스로 보낸 맨발의 시간들
미련 없이 다 묻을 거예요.

노랑꽃창포

창포도 아닌 것이 창포라는 이름으로
넓은 잎사귀로 헷갈리게
붓꽃 같은 이쁜 노랑저고리를 입고
수련과 같이
물위에서 사는 꽃
어쩌면 티 없이 맑은 숫처녀 같고
어쩌면 우아한 마음씨의 숙녀 같은
하늘의 신도
유혹하고 싶었다는 그녀
신의 '숨겨진 사랑'으로
인간 세상에
환하게 빛나는 고운 꽃으로 환생하였다는
무지개 같은 전설의 아이리스Iris

당신은 알고 있었나.

수수꽃다리

네 곁에만 있어도
마음 설레던
풋풋한 젊은 날에
원추꽃차례로 꽃문 열어
은은한 너의 정이 나비처럼 나풀거렸지

너의 감미로운
연보랏빛 향내에
매혹된 이방인을 따라갔다가
하얀 '미스 킴 라일락' 옷을 입고 나타나서는
뭇 사내들의 콧잔등을 비볐겠다

오월의 여신 앞에
천지가 온통 향수에 취하니
내 영혼을 흔들던
젊은 날의 추억*이
허연 귀밑머리 위에서 머뭇거린다.

* 수수꽃다리의 꽃말이다.

패랭이꽃

춘천 개울가에 밝은 햇살 먹고 자라
갯바람에 살랑대는 너의 꽃숭어리
새색시 같아
이름도 이쁜 인형 같은 패랭이꽃
상처 난 피부도
티 없이 맑은 소녀들같이
다시 피워낸다고

세상살이 찌들은
어버이들 가슴에
따뜻한 사랑의 혼불을 밝혀주니
너의 사랑,
향기로운 보본報本
하느님도 샘이 나겠네.

불갑사의 꽃무릇

해마다 9월이 오면, 남도의 영광 땅
불갑산 불갑사에는
천지가 불국의 꽃불에 휩싸인다
꽃사슴 뿔 같은 꽃,
너를 감싸던 이파리는 어디다 두고
가슴이 타는 꽃불만 피우는지

비구승의 슬픈 인연을 숨겨놓았나

씨앗을 맺을 수 없어
슬픈 사랑*인가
가슴의 꽃불만 붉게 탄다

* 꽃무릇의 꽃말.

쑥부쟁이

가을에는
맑은 하늘빛
은은한 향기가 그립다
은회색 내음이 흐르는 은둔의 꽃
여름날 비바람, 자글거리는 태양열에
안간힘을 쏟아 붓던
은빛 눈물이
꽃잎으로 피어난
내 마음의 꽃
나의 환상 속에 피어나는
영혼의 향내
가을빛 하늘로 불러낸다.

제3부

가릉빈가의 꿈

가릉빈가의 꿈

천상의 목소리가 들리는 황매산 영암사지를 찾다
두 마리 사자가 받들고 있는 쌍사자석등은
진리의 등불을 밝혔을까
여의주를 문 용머리의 거북이가 업고 있는
비문 없는 비석은
이곳이 본래 부처님 자리임을 알리고자 했을까
가릉빈가가 새겨진
깎아지른 계단을 오르지 않고서는 천당,
아니 금당에 당도할 수 없다
이 계단을 밟으면 천상의 목소리가 들리는 것 같다

옛사람들은 티끌세상, 고통을 벗어나고자
새처럼 자유롭게 날아다니는 '하늘 나라'를 상상했을까
고난의 세월, 벗어날 수 없는 슬픔에
'상상의 새'를 그렸을까
감미로운, 청아한 울음이 하늘빙판을 녹였을까
인간은 태어나기 이전부터
이미 천상의 목소리를 들었을 것이다
어머니의 목소리를 듣고 태아는 잠든다

사랑의 구슬소리
천상의 가락을 그리며.

불새

주홍빛 울음을 우는
아름다운 새
어쩌다 태양을 잡아먹었을까*
빛나는 황금빛 날개로
하늘을 누비며
뜨거운 갈망과 열정으로
세상을 밝혀온 눈부신 새
한 오백 년
하늘을 태우다가 죽어
다시 인도로 가나, 아라비아로 가나
스스로 향불 속에 산화하여
영생을 꿈꾸는
불사의 신이여.

*김기창 화백의 '태양을 먹은 새'를 보고.

알바트로스의 날개

비행거리 8,500km, 자면서도
비행한다는 창공의 나래
폭풍 속을 드나들며 위풍도 당당하게
하늘을 누비던 자유로운 영혼

세상에서 가장 높이 멀리 나는
그러나 세월의 바람에
날개는 파열되어 허덕이는
가엾은 불구자
구름 위를 날던 위용은 간데없고
지쳐버린 날개가 거추장스럽기만 해
거센 바람을 기다려보지만
뱃사람들의 놀림감이 되어버린
외로운 바보

하늘의 뜻을 믿고 비상을 꿈꾸는*
아, 그 옛날의 은빛 구름이 눈에 밟혀.

*신천옹信天翁

세한삼우도歲寒三友圖*

차가운 눈바람이 불어서야 비로소
고고히 자태를 드러내는
너희는 분명 조선의 선비풍이다

뒷산 언덕마루에 토성을 쌓고 거기에
낙락장송을 중앙에 우뚝 세우고
왼쪽에는 수수한 매화나무를,
오른쪽에는 칼날 같은
이파리의 대나무를 그려 넣어
약간 기울어진 삼각구도로
삼우가 정좌한 폼이
적당한 여백과 바위벽이 밑그림 되어
한결 두드러지다

너희 같은 벗이 있다면,
고고한 새벽 종소리같이 맑고 높은 에스프리여!

*일본 〈古畵備考〉에 등재된 그림, 최순우의 〈韓國美術〉 1-63.

반구대암각화

태초에 천지가 열릴 적에
강물이 흐르고 바다가 생겼겠지
언제부터 거북이가 뭍으로 기어오르고
산골짜기에 사슴 멧돼지가 뛰어다녔을까
선사인은 돌도끼나 화살로 사냥을 하고
뭍에서 헛방놓는 날에는
강으로 바다로
귀신고래 잡으려고 귀신같이 머리 풀고
무리지어 무리 힘을 길렀을 게다
살면서 뼛속까지 파고드는
굶주림과 싸웠겠지
해가 뜨면 먹이를 찾아 헤매고
해가 지면 별빛을 이고 움막에서
소리 없는 한파에 삭신을 묻었을 게다
흐르는 물도 옛물이 아닌데
암벽은 말없이
선사인의 마지막 몸짓으로 남아 있구나.

조상단지

대청마루에 항아리 하나
문틈으로 새어든 달빛 만나
투박한 도공들의 정처럼 일렁인다
거친 세상 짓이겨진
진흙탕 같은 삶을 살았어도
가문을 지켜온
조선여인들의 한恨이 서린 항아리다
한 해의 끝자락을 햅쌀로 갈아 채워
음덕을 기리는,
새벽빛 이슬 같은 정화수 떠다놓고
소중한 가보라도 지키려는 듯
비손하는 할머니의 기도가 어린다
대대로 이어지는 혼령이 담겨진 항아리
고고하고도 은은한
가문의 숨결이 흐른다.

손의 구조

당신의 손은 물속에서 더욱 아름답다
그것은 육신의 영양을 공급하는
밥상을 염두에 두고 있기 때문이다
적어도 하루에 한두 번은
싱크대 물통에서 당신의 손이 번득인다
삶은 살아가는 과정이다
그 과정에는 당신의 아름다운
손의 기능을 요구한다
마찬가지로 당신의 손은
온 가족의 밥상을 마련해야하는 뿌리가 된다
그 손의 뿌리가 제 기능을 다할 때
꽃은 핀다, 식솔들은
그 열매를 따먹고 산다
나는 안다
언젠가는 그 뿌리가 망가진다는 것을,
하여 비로소 당신의 손이
온 가족의 아름다운 꿈이었다는 것을.

물의 사랑

물은 본래 신의 사랑이었을까
대지의 어머니이며 혼이라고
사랑은 형체가 없듯이 물도 형체가 없다
담는 그릇에 모양을 맡길 뿐이다
본래 높은데서 솟아났어도
한사코 낮은 곳을 찾는다
깨끗한, 더러운 물 가리지 않고
불꽃같이 타오르는 열화도
물을 만나면 조용해진다
때로는 열 받아 구름 되어 떠다니다가도
목마른 대지를 적셔준다
또한, 추위에 떨면 천사같이
하얀 솜이불로 덮어주기도 한다
세찬 겨울바람이 자꾸 집적대면
화석같이 굳어져 침묵을 지킨다
물은 만물을 사랑하면서도 나서지 않는다.

통도사 분수

절골 흘러내리는
개울물 소리가 물방울 타고
하늘 높이 솟아오르다가
해 그림자에 걸려 허공을 가르니
어디서 산새 한 마리 날아들어 격을 받친다

연초록
느티나무 이파리들이
굿판을 벌이고
연꽃무늬 무지개가
하늘다리 수놓아
파닥거리는 피라미들 불러 모아
방울꽃 향연을 반겨 돋우니
고것들이
기뻐서 구름되어 승천한다.

마린시티의 겨울

찬바람에
까멜리아 꽃잎이 동백섬을 붉게 물들인다
동박새가 날아간
아기동백꽃은 붉은부리갈매기가 분사한 똥을
먹고 피를 토하며 낙하한다
세계인형박람회가 벡스코에서 열리는데
신세계백화점의 어린이옷이 날개가 돋친다
요트 항에는 하얀 요트들이 꿈을 꾸고,
간비오산干飛烏山에 까마귀*가 날아들면
백사장에는 겨울 연인들이 몰려든다
달맞이길에 달빛이 솔잎 사이로 파고들면
까망, 파랑 눈들이 불나비처럼 날아든다
간간이 동해남부선 기적소리가 어울리던 밤바다는
빌딩숲에 가려 눈에서 멀어져가고
새파란 네온사인 불빛에 눈비라도 내린다면
아직도 해변의 겨울 낭만은
그리움을 분만하겠거니.

* 고대사회에서는 해를 상징.

대숲에 부는 바람소리

흉흉한 바람소리
대숲에 부는 바람소리
더욱 요란하다
바람 따라
들리지 않던 소리도 들린다
어느 땐들
바람이 불지 않으랴마는
병신년 그 겨울 바람살 하늘이 무너진다

대나무야 대나무야 너는 어이 말이 없나

억새풀 쓰러지던 그 바람소리
북소리인 줄 알았나,
바람도 씨달프다
바람결에 흩어진 사랑
바람으로 돌아올까.

오감도烏瞰圖

이 차가운 하늘 태화강변에는
까마귀들이 새까맣게 겨울하늘을 덮고 있다
낮인데 밤이다
공포의 밤이다
숨이 막힌다
회오리바람처럼 까마귀 떼가 날고 있다
생멸生滅이 순간순간 반복 된다
불안하다
빛이 부재중이다.

촛불아

너는 사랑도 없이
어찌 불꽃을 피우겠는가

너는 희생도 없이
아니, 기도도 없이
어찌 불꽃을 피우겠는가

아, 너는 영혼도 없이
어찌 불꽃을 피우겠는가.

눈물은
— 김수환 추기경의 소천을 보며

눈물은 다른 사람의 고통에서 온다

분하고 억울해서, 외톨이로 버림받아서
우는 눈물은 눈물이 아니다
어머니의 산고 끝에 자신이 처음으로
눈물을 흘렸다는 사실을 자신은 모른다
세상 떠날 때를 보면 안다
다른 사람의 고통을 짊어지고
열심히 살았던 사람일수록
아무렇지도 않게 떠나지만
다른 사람들이 대신
눈물을 흘리는 걸 보면 안다

계절의 아픔도
얼음장 밑으로 흐르는
눈물소리를 들어보면 안다.

사라 브라이트만을 만나다

— 벡스코에서

이제껏 보지도 듣지도 못한
지구촌 밖의 음표
별처럼 우주를 흐르는 반짝임
꿈속에서 들은 듯 몽상적인 음률
한 번도 굴절되지 않은 영혼의 울림
파랑일까
감청일까
높고 둥글게 구르는 천상의 목소리
조용히 때로는 격렬하게
광활한 우주 공간
끊임없는 융합의 울림
변화무쌍한 빛의 무대에서
신비롭고도 매혹적인 노래
아름다운 환상
상상 밖의 몽환적인 판타지
내 영혼을 울리는
별빛 같은 노래를 들었습니다.

나목

한 그루 겨울나무가

찬바람에 떨고 있다

지난 허물 벗어버리고자

바람이 전하는 뼈아픈

이야기를 듣고 있다

세속의 아픈 상처,

뼈만 남은 나목이 되어

소리 없이 찾아드는 외로움에

세월을 앓고 있다.

가을꽃

가을꽃은
갈대꽃이다
바닷바람이 쏘삭거리는
시린 기억을 떨치고
고향집 초가 같은 철새 둥우리에
기억을 새겨두고
석양이 물들어가는
네 풍경이
갈바람, 연인들 가슴속에
깊게 피어난다.

매미

번데기 껍질 속에 갇혔을 때는
세상 밖을
훨훨 날고 싶었는데

이제 껍질 벗고 나래를 펴보니,
군눈이 뜨이고
군소리도 들리지 않아
목이 쉬도록
흘러간 노래만 목청껏 불러댄다

아리 아리랑
쓰리 쓰리랑
아라리가 났네 ~

짧기만 한 세월
하얀 바람이 분다.

당신도 갈매기가 되어 봐

비상의 나래를 펴 봐

무한 공간을

자유롭게 유영해 봐

저 멀리 물마루 너머

한량없는 자유를 찾아

삶도 죽음도

영원한 평화

네 고향을 바라 봐.

마지막 자존심

귀가
붉은 저녁을 밀고 오는
저 쓰라린 겨울바람이
뜬금없이 우는 밤,
내 영혼의 기도 속에
사무친 그리움이 피어나는
저 푸른빛

아름다운 이 세상
고독을 씹던
서러운 사랑이야기가
내 남은
마지막 자존심이다.

곰배령의 웃음꽃

곰의 배가 하늘 보고 누워있는 유전자보호지역,
유월의 실록이 껴안고 있는
점봉산 골짜기를 걸었다
옛날 할머니들이 장보러 다니던 길이다
갓 입회한 '신노인'들이
옛날 이바구에 꽃을 피우며
뒤뚱거리는 뒤태가 꼭 어슬렁거리는 곰티다
왕복 4시간 코스에 1시간도 못 가 쉬어가자며
강선마을 주막에 퍼질러 걸쭉한 메밀막걸리,
산나물파전에 목을 축이니
곰배령 곰배 모습은 등성이 너머로 숨어버렸다
막걸리 한 사발에 만면에 웃음 머금은
할매들이
점봉산 야생화들보다 아름답다
더도 덜도 말고
이대로만 살아다오, 마- 고우들아*

* '竹馬故友'들 대나무 작대기는 어디다 두었는지…

시간 여행

시간은 강물처럼 흐른다

흘러간 시간 속에
지울 수 없는 얼룩들,
만남과 이별
고난과 역경
구겨진 풍경들이 있다

때로는 넉넉한 바람소리가
들리기도 하지만
피할 수 없는
바람의 길
아득한 적막이 흐른다

찰나와 영원이 공존하는
끝없는 길
외로움 속에
모두가
멀고 먼 어딘가로 떠나고 있다.

제4부

바다의 속성

바다의 속성

단애의 해안선을 따라 쪽빛 물결이 하얗게 부서질 때
송도 앞바다는 대서양 물빛보다 짙은 감청색이었다
유월의 햇살이 절벽을 타고 오르내릴 때
땅찔레는 절정의 녹색으로 절벽에 동화되고,
노오란 인동꽃은 삭막한 겨울을 기억하고 있었다
송도 해안선을 따라 카리브해안의 모래알을 밟는다
내 발자국이 남긴 흔적은
물빛바람에 지워져도
파도가 남긴 발자국은 절벽에 남아
아슬아슬한 절경을 만든다
수직으로 번득이는 물빛 사상事象이다
태초에 바다는 무지개 모양이었을까
파도가 태극처럼 둥글게 절벽을 깎고 깎아
새로운 풍경을 만드는 사이,
바람은 시간을 쌓고 쌓아 조약돌을 만든다
바다는 언제나 출렁이며
시간과의 사투를 통해 변신한다
휘몰아치는 물결의 혼돈과 파괴
검푸른 바다의 속울음이다.

2월의 산빛

2월의 산빛이 고와 뒷산 오솔길을 걸었다
발걸음이 가벼웁다
개울물소리 귓속말로 들린다
청미래 가시 덩굴엔 곤줄박이 한 마리
삐이삐이 울고 있다
양지엔 동백나무 이파리들 눈빛을 끈다
유난히 반짝인다
꽃을 피우고 싶은가 보다
내 눈빛도 나뭇잎처럼 반짝일까
산새도 제짝을 찾을 땐
눈빛이 이슬처럼 반짝일 거야
생멸이 빛과 무관하지 않다면
당신의 눈빛도 살아 있겠지
생명의 빛이 쏟아진다면
당신도 별꽃을 피우리라
2월의 풀꽃들도 별빛처럼 반짝이는데.

겨우살이덩굴

유월의 바다, 벼룻길에는 인동꽃이
하얗게 노랗게 줄을 잇는다
변하는 세상, 우주만물도 한 모양으로만
머물지 않는다는데
겨우살이덩굴은 겨울에도 줄기가 마르지 않고
봄에 새순을 내고
여름이 오면
하얀 꽃이 노란 꽃으로 변한다
'겨우살이덩굴처럼 살아 봐,
왕후장상의 씨가 따로 있나'
까막까치도 함부로 지껄이지 않는다는데
혀끝을 날름거리다 말고
할미 말씀 생각한다

"속이 빈 대나무도 마디가 있느니라"

할롱*

하늘이 처음 열릴 적에
바람과 구름이 섞여 하늘을 뒤덮었겠다
그리하여 거대한 바다의 울음으로
우주가 탄생하였으리라
세상은 미친 듯이 울부짖었겠다
태풍을 보면 안다
금세 하늘을 회오리치던
비바람이 대지를 휥아버렸다

하늘은 아직도 인간들을 가엾게 여기는가 봐
때로는 이렇게 세상을 뒤집는 걸 보면

간밤 허공을 메아리치던
비바람소리는 간데없고
맑은 바람
눈부신 햇살이
가슴을 출렁이게 하는 걸.

*2014년 여름 태풍 이름.

파랑도

천리 남쪽바다 밖에 있다는
전설의 섬 이어도
본 사람은 모두 돌아오지 않았다
꿈속에 그리던 섬
꿈엔들 보았을까
홀로 남은 아낙들
바람 불면
밤마다 울어
한이 서린 슬픔이
놀덩이*를 넘어
끊어졌다 이어지는 숨비소리
사랑문이
저승문이라 해도
언젠가는
파랗게 질린 암초 위에
피안의 숲 가꾸려나.

*놀덩이: 거대하게 말려오는 파도덩이.

북극의 오로라

태양이 머플러를 날리며 환상적인 세계를 펼치는
저 천연색 가시광선의 향연, 북극의 밤은 황홀하다
눈 덮인 설봉에 불꽃이 피어난다
무지갯빛 설풍에 휩싸여 천상의 세계를 펼친다
어디 하늘이 뚫리었을까, 저 태양풍의 마법
하늘이 처음 열릴 적이 저러했을까
바닷물이 넘쳐흐르듯 눈 물결이 밀물처럼 밀려오고
최초의 신의 음성이 들릴 적에도 어두움이 저렇게
밝아졌을까
바람이 불고 또 불고, 지구가 잠자는 시간
바람결에 춤추는 천신의 드레스처럼
고운 빛살이 구름처럼 퍼지는데
바람은 쉴 새 없이 환상을 그리고
오, 저 황홀함이여!
처음 생명의 탄생이 저러했을까
하늘의 축복이여!
숨 가쁘게 움직이는 저 빛의 향연
회오리 빛 춤을 춘다, 빠른 템포로
그칠 줄 모르는 우주의 음률로.

연곡사의 새

가난에 찌들은 민초들이 뿌리내린 피아골
연곡사 뒤뜰에는
가릉빈가가 비상의 나래를 펴고 있다
새를 부러워했던 사람들
국난이 닥칠 때마다
이골이 난 듯 찾아들던 골짜기
피아를 분간 못할 정도로 격렬한
싸움판이 벌어졌던 피아골
쫓는 자와 쫓기는 자들의 주검이 뒹굴던 곳
해마다 핏빛 단풍이
그들의 혼불인 양 붉게 탄다
아무도 기억해 주지 않고
울어주지 않아도
가릉빈가의 슬픈 울음소리가 들리는 듯하다
억만 년이 오고가도
네가 있는 피아골은
선홍빛 피울음소리가 메아리칠 것 같다.

파랑새의 머플러

숲 속에 사는 나비공주는 날마다 꽃집 마실로 나들이 간다
양지꽃도 만나고 바람꽃도 만나보고,
오늘은 산수유 집으로 가봐야지
나비공주는 그녀의 긴 대롱 입으로
친절을 맛보다 펄펄 날다
숲 마을 한켠에는 낮도깨비 같은 거미들이 기다리는
줄도 모르고 폴폴 팔팔 친구들이 날아든다
산새들도 사랑의 밀어를 굴리고
벌들은 윙윙 아양을 떨고
숲 마을은 기쁜 일만 남았다는 듯 소란스럽다
신나게 춤을 추던 나비공주는
체면 없는 거미의 함정에 걸렸다
허공에 매달려 애처롭게 버둥거렸다
바로 그때 숲속에서 파랑새가
파아란 머플러를 날리며 허공을 찢었다
마치 손오공이 체대를 날리며 구름을 가르듯이
나비공주는 구사일생으로 다시 태어났다
숲속은 다시 평온을 찾았다
금낭화도, 수수꽃다리도 긴긴 겨울
뿌리 속에 간직했던 맑은 향내를 피웠다.

동백꽃은 외로워서 핀다

넌 누굴 애타게 그리워한 적 있나
천사의 섬 홍도에는 동백나무가 산다
소금바람도 쑤석거리고
갈매기도 쏘삭댄다
때로는 광포한 해풍에
때로는 설한풍에도 몸살을 앓는다
계절 따라
바람 따라 시달리며 산다
때로는 비바람 안개 속에
파도소리 들으며 단꿈도 꾸지만
바람벽도 없는 외로운 섬에서
시린 생을 산다
동백나무는 고독하다
시달리며 살아남은 꽃눈들은
겨울에도 눈부시게 꽃불을 피운다
외로웠던 것이다
산새도 외로워서 운다
차가운 겨울바람에 발갛게 그리움을 태운다.

가을소리

임진년 카렌다는 달랑 두어 장 남았는데,
암남공원 '볼레길'을 걷다가
단애의 파도소리에 놀라
노오랗게 흔들린다
나뭇잎은 가을소리에
연둣빛 잎새의 꿈을 꾸고
하늘은 드높고 푸르러
항아姮娥의 꿈을 꾼다는데,
감청색 물결 위에 날고 있는
저 바닷새들은 무슨 생각을 하고 있을까
쑥부쟁이 고들빼기 꽃잎에는
아침햇살이 눈부시게 내려앉는데.

낙엽 단상

창가엔 벌써 낙엽이 진다
이별의 서곡처럼,
나뭇잎은 떨어져 다시
그의 본신本身인 뿌리로 돌아가려는가
해질녘 저물어가는 산색을 보노라면
아려오는 상념에 불을 지핀다
지난 날 번뇌의 망상이
회한으로 가득 찬다
나무가 낙엽을 떨구듯
심상의 그늘을 지워야 한다
숨 막히는 시간과의 싸움에서
호올로 한 마리 새가 되려나
비상의 날개 밑에
스스로의 꿈을 심어 놓고
생명의 불꽃이 사위어질 때까지
하늘과 별과 달빛을 사랑해야지
고독한 신 앞에.

솔아, 너는 보이느냐

하늘 높이에서 내려 보는 너의 눈에는
낙동강 하구의 끝없는 모래톱과 갯벌이
한눈에 보이느냐

진우도 장자도 신자도가 파도를 안고
살아 숨 쉬는 도요등 백합등 맹금머리등이,
민물과 바닷물이 합궁하는
자연의 섭리가 네 눈에 보이느냐

봄, 여름, 가을, 겨울
하루에도 수백 번 만나고 헤어지는
철새들의 얘기 속에 하늘이 저물고

황혼의 물결이 불러내는 강과 바다가 만나
세월 속에 빚어내는 희망의 땅
너는 보이느냐, 솔아*

* 솔아 : '솔개'와 '아미산'의 앞 글자를 딴 낙동강 하구 아미산 전망대의 캐릭터.

겨울 밤하늘

찬바람이 인다

저 깊은 감청색 하늘빙판에
유성이 떨어지며
날카로운 금이 가는 소리
저 심오하고 차가운 황홀경
심연은 바다에만 있을까
바다에 인어공주가 살 듯
하늘에는 선녀들이 산다지
바다에
파도가 하얗게 부서지듯
하늘에는
유성들 파랗게 파열된다
칠흑 같은 하늘빙판에
파란 불꽃을 피우니
차가운 하늘기운이
침묵으로 흐른다

쩡하고 허공이 운다.

잊었던 우산

한여름 내내 잊었던 너를 처서가 지나고서야 찾는다
어디에서는 물난리에 야단이라는데
따가운 뙤약볕만 내려쪼이다가
이제사
하늘이 굽어보시는지 빗물이 쏟아진다
난 네가 있어 행복하다.
난 너와 함께 걸어보면 한결 시름이 사라진다
내 마음은 너처럼 활짝 펼 수 없으나
답답하던 가슴 후련하니
오늘 같은 날은 너를 안고
빗속을 마냥 비틀거리고 싶다
내 가슴에 내리는 빗물은 어쩔 수 없지만
어쩌면
너 속으로 하늘 문을 두드릴지도 모른다
마음이란 보이지 않으면 멀어진다는데
네가 곁에 있으니 빗속으로 너울댄다
비 내리는 날 젖어오는 생각이 너로부터 밀려든다.

봄날은 너를 두고

꽃잎이 벙그는 봄날
생각의 바다에
그리움이 일렁인다

어제의 봄 햇살이
아롱아롱
오늘 아침 꽃잎 속에 남아 있다

오고가던 정이
휘파람새 울음소리에
꽃잎으로 낙화한다

깊은 생각
흐드러진 꽃잎 속에
봄날은 너를 두고.

마로니에 잎은 지고

그날은 석양이 강물 위에 내려앉았지
머얼리 사라져가는 연인들의 그림자
멍하니
마로니에 머플러 바람에 날리고
가로등 밑을 추억의 그림자 밟고 있었지
지난 날 고혹적인 너의 체취에
어깨 너머로 바라보던
센 강의 보랏빛 풍정
파리지앵들 환호 속에
손 흔들던
낭만의 밤은 낙엽으로 구르고
가을비에 젖어 포도주라도 따르고 싶었는데
'너도밤나무냐, 나도밤나무다'고
외치고 싶었는데.

오계절이 오네

하루해가 지듯이 사철 끝자리에
노을 같은 술이 익네

너는 이 산야를 누비면서 무엇을 찾고 있었나
어제는 직업 동기생들
오늘은 코흘리개 동무들
사계의 끝자락엔
목마른 시간이 익어간다
내 남루한 사념思念과
나를 두고 간 고독까지도 불러내어
입맛을 다셔보자
보내고 후회하느니
원도 한도 없이,
여긴가 거긴가 헛발질하지 말고
살 속까지 꽃불을 피워보자

노을에 젖은 마음의 창을 열며.

벚꽃 축제날

생피 같은 꽃잎들 바람결에 날리는 저 꽃놀이 향연

아득히 피어오르는 구름이었다가

천지사방으로 산화하는

꽃눈을 밟으며

긴 겨울날을 참고 견딘

부끄럽지 않는

생의 뒷모습을 본다.

청포도

칠월의 청포도 알은
뜨겁게 달구는 태양열에도
오순도순
정답게 익어간다

푸른 눈망울들이 탱글탱글 익으려면
이슬 한 방울에도 목을 맨다
놓칠 수 없는
이 한 방울의 이슬!
생명의 빛이다

그 눈망울들이
하늘빛을 안고 투명해 질 때면
그 속에서
하늘도 눈부시게 꿈을 꾸겠지
새콤달콤하게.

설악산의 솜다리

그 겨울 눈 덮인 알프스 아닌, 설악산을 찾았다
바쁜 일정에 쫓기면서 별을 따고 싶은 소년들같이
권금성 케이블카에 몸을 담았다
그 옛날 몽골이 세상을 덮칠 때
권, 금씨 두 장군이 하룻밤에 쌓았다는
그 권금성에 당도해 보니
눈앞에 설화가 핀 만물상이 반기고
저 멀리 공룡능선이 희미한 공제선을 그리며
나한봉, 마등령이 눈앞에 어린다
아직도 칠십대 사내들의 기개가 천하를 울린다

조심조심 내려오는 발밑 바위틈에는
차가운 겨울에도 작은 풀잎들이 온몸에
하얀 솜털로 무장하고 빤히 쳐다본다
눈처럼 빛나는 내 마음의 꽃,
불현 듯 '사운드 오브 뮤직'의 그
고귀한 흰 꽃을 보고 싶다
잊을 수 없는 추억*
그 소중한 기억만 남겨 둔 채로.

* 에델바이스의 꽃말이다.

전설이 흐르는 덕구계곡

계곡 들머리에 들어서면
가을하늘 닮은 계곡물 따라
굽이굽이 얽힌 전설 미소가 흐른다
'용소굴'에 사는 이무기가 매봉여신에게
온천수를 갖다 바쳐 용이 되었다는
그 용이 선녀들과 노닐었다는 '선녀탕'
가난한 농부가 어머니의 병환을 구하기 위해
산신에게 백일 동안 기도드린 끝에
약수를 얻어 소원 성취했다는 '신선샘'
그 옛날 어느 사냥꾼의 화살을 맞은 산양이
계곡으로 사라졌는데 알고 보니
자연온천수에서 상처를 치유해 달아났단다
예부터 이곳 산신에게 소원을 빌면
하나는 들어 준다는 믿음이 전해온다니
이곳 지명이 왜 덕구德邱인지 알 법도 하다
어떻든 산자수명山紫水明한 이곳
온천골에 와서 찌들은 일상을 벗어나
자연의 품에 안겨봄직도 하다.

제5부

세계평화의 종

세계평화의 종

아직도 지구 끝에 남아 있는
'분단의 나라'에서 평화의 종소리가
바람결에 에밀레 퍼진다
세계 삼십 개국 분쟁지역에서 주워온
탄피로 만든 종소리

평화는 사랑이다

잡소리는 음통音筒으로 날려 보내고
평화만큼 존귀한 것은 없다*는 메시지가
명동鳴洞으로 공명을 높인다
아직도 6 · 25의 상흔이 지워지지 않은 별유천지
'비목'의 골짜기에서
분단국의 설움을 날려 보낸다
세계인이여!
여기, 산수 좋은 화천으로 와보시라
아직도 분단국의 녹슨 그림자가 일렁거린다.

* 이케다 다이사쿠의 〈신 인간 혁명〉에서 따 온 말.

슬로우시티에서

친구여!
돌아가기엔 너무 멀리 와버린 것 같네
이미 오후 세시가 넘어서
천사(1004개)의 섬, 신안 앞바다 보물섬을 찾았네
하늘은 깊고, 개펄은 넓게
끝없이 펼쳐진 서해 증도에서
발갛게 물감을 풀어 놓은 함초를 보며
각박한 도시의 찌꺼기들 소금바람에 날려 봐
성한 데라곤 하나 없는 몸뚱이 끌고 와서
느리게, 느리게 굴러가는
바닷물 밑바닥을 훑어보고
바쁠 것 없는 '느림의 미학'을 한 번 체험해 봐.
물 빠진 개펄에서 짱뚱어를 잡고
진흙에서 '작은 금'을 생산하는 삶이
별빛같이 반짝이잖아
하늘 끝에 붉게 물드는 노을빛 바라보며
술잔 가득히 고이는 안타까움은 마셔버려라
느리게, 푸르게 어린 날로 돌아가 봐
구겨진 이마에 웃음꽃이 피니
이대로 머물 수만 있다면.

장생포 고래박물관

아득한 선사시대부터 울주군 대곡리 암벽에는
온몸에 따개비가 달라붙은 귀신고래가 퍼덕이고 있었다
1912년 '한국계 귀신고래'*로 다시 태어나
러시아 오오츠크해, 베링해를 거쳐
울산 장생포 앞바다를 안마당 같이 놀던 고래,
구제역에 희생된 얼룩소 울음같이
귀신고래 울음소리가 갯바위를 울리고 있었다
세계 일류 선박이 만들어지매 생명의 위협을 느꼈을까
분수처럼 뿜어내던 모래펄을 뒤로하고
바다별자리를 보고 떠난 고래, 그 귀신고래가
귀신같이 사라진지 오래다
태화강물을 아무리 맑게 하여도
골메기굿* 할매의 간절한 기도에도 돌아올 줄 모르고
박물관 좁은 공간에서 시간을 베고 누워
눈꺼풀만 뜨고 있다.

* 미국의 탐험가 로이 체프맨 앤드류스(1884~1960)가 최초로 '한국계 귀신고래'를 알림.

* 골메기굿 : 동해안 별신굿.

에코랜드
— 제주도에서

하늘이 내린 천연신비의 숲 '곶자왈'*
이끼와 고사리, 억새풀, 때죽나무 등이
암석과 덩굴식물로 뒤엉켜 이루어진 천연원시림,
여기에 19세기 동화 속의 나라,
볼드 윈 꼬마 기차를 타고
환상적인 자연의 신비에 젖어 봐
에코브리지역, 짙푸른 호수 위로
데크 길을 걸으며 수상카페, 그림 같은 하얀 풍차를
눈으로 그리며 삼다정원을 거닐어 봐
어디에서 이런 맛을 볼 수 있을까
화산송이로 포장된 에코로드를 맨발로 거닐며
숲 속 여행의 진미에 빠져 봐
아니, 꼬마열차로 오름 동산을 기어올라
무너져가는 돌담을 돌아봐
어느새 은은한 야생화 향내에 젖어
어머니 뱃속 같은 유년의 꿈속을 헤맬 것이네.

* '곶자왈'은 '숲'이란 의미의 '곶'과 암석과 가시덤불이 뒤엉켜 있는 모습을 뜻하는 '자왈'의 합성어로 제주도 방언이다.

사람 사는 동네
– 경주 양동마을에서

15세기 손소孫昭의 아들 딸이
한솥밥을 먹고 이룬 동네,
한 오백 년 살아온 역사가
기왓골 이끼로 맺혀 있다
설창산 정기가 동방오현東邦五賢에 오른
선비를 낳았으니
그 이름 회재 이언적李彦迪선생

일찍이 '자연의 본모습'을 보고 바스러지는
그 험한 세상에
이렇게도 고고한 집성촌을 이루었다니
그 높은 뜻이
유네스코 세계문화유산이 된 게로구나
사람 사는 동네
사람이 태어나고 자라는 걸
양동마을에서 본다.

지리산 거림계곡에서

대원사 유성계곡의 깊고 그윽한 물맛을 보고는
큰 숲 산림지대 거림巨林계곡을 찾았다
일찍이 서산대사는 '지리장이불수地異壯而不秀'라 했던가
장하되 빼어나지 않으니 지리의 매력이겠지
닭백숙에 막걸리 한 순배 돌아가니
마음은 거림계곡을 따라 세석평전에 오르다
고원인가, 평원인가
한신바우도, 운장바우도 비틀거리는 세상사에
찌들은 민초들의 신앙이었을까
청학동 이상촌을 찾아, 잃어버린 꿈을 찾아 날아들던
불나비들의 횃불이 타오르던 곳,
극한의 피바람이 불던 고원에는 인적조차 없고
해마다 봄날이면 철쭉꽃만
그들의 혼불 인 양 피었다 진다.
연하봉 무비선경은 고사목의 잔영만 남겨놓고,
한 걸음만 넘어서면 통천문을 열고
천지개벽을 볼 텐데,
불타는 반야낙조만 달빛으로 부서진다.

네 고기냐, 내 고기지
— 운제산 오어사에서

신라의 대승 자장, 혜공, 의상, 원효가 구름을 사다리 삼아
오르내렸다는 운제산雲梯山 천자봉에는
천년 관음기도도량이 있어,
하늘과 가까운 곳에서 기도하면
기도발이 잘 받는다는 속설이 있다

가을 햇살이 아직도 자글자글한 시월
솔바람이 소매 깃을 당긴다

혜공, 원효가 서로의 법력을 시험했다는 이야기,
계곡의 물고기를 한 마리씩 삼키고
산 채로 배설하는 사람이 이기기로 하였다나,
두 마리 중 한 마리만 살아 도망치니
서로 내고기吾魚라 다투었다는 오어사
오어지 만큼이나
도량이 넓은 두 선사의 풍류가 어린 곳이다

말갛게 하늘거리는 쑥부쟁이의 미소가
가을하늘같이 푸르다.

회춘回春

봄물이 올라 흙내 나는 꼬치친구들이
낙동강 봄바람을 타고
호포나루 '포구나무집'에 모였다.
시원한 빠가사리 매운탕이 배꼽노리를 간질인다
며칠 꽃샘추위가 봄밤을 울리더니
간밤 봄비에 목마른 꽃눈들이
앞 다투어 펑펑 불꽃같이 터진다
길가 울타리를 노오랗게 물들이고
산그늘 지천에 꽃불을 밝혀
하얀 원피스를 입은 정숙한 여인
목련까지 불러낸다
겨우내 서러웠던 기억들 땅에 다 묻고
봉그슴한 명자나무 아가씨꽃도 미소를 흘리고
복사꽃, 살구꽃도 뒤질세라
파란 하늘가에 봉싯봉싯 눈웃음 짓는다
화명수목원에 시집 온 '부겐빌레아'도 반긴다
서문 앞 금정산성 막걸리에 목젖을 축이니
칠십대 대머리들 웃음꽃이 벚꽃 같다
늙은이들 앙가슴에도 뽀오얗게 봄물이 오르려나.

강화도 탐방

낙가산 보문사 눈썹바위 아래 그물에 걸리어 온 나한상이
세속의 먼지가 묻어 안개속이다
연인들이 배를 놓쳐 하룻밤을 보내게 되었다는
새빨간 거짓말이 묻어 있는
바다배펜션에서 하룻밤을 보내고
창 너머 풍경이 바다인지 호수인지
하늘을 덮고 있던 어둠이 눈을 뜬다
먼 산 바람꽃이 피어나는 정갈한 새벽 갯내음이 코를 찌른다

평화전망대에 오르니 지층을 흔들던 옛 이야기가
아직도 머물러 있고, 그때의 강변에는
가을이 익어 가는데
마지막 총소리가 울리던 강변에는
물안개가 화약 냄새를 풍기는 듯하고,
외포리 젓갈시장에서 시장기를 재우고 팔미도를 향하다
맥아더장군의 인천상륙작전이 이 섬의 등대 점령으로부터
시작되었다니, 외롭고 높은 결단
전략가로서의 천재성이 물빛바람에 번득인다
천리마가 몽골의 초원바람을 가르듯
푸른 물결을 가르며 상륙하는 듯하다.

가리왕산, 그 단풍길

하늘 아래 딱따구리 소쩍새 놀던 언덕
'주목나무'집에서 가을밤을 보내고
새벽길 환하게 반기는 뒤란을 나섰다
섶다리가 어울릴 것 같은 '심마니다리'를 건너
무릎잠이라도 자고 싶은 너와집 같은
정자를 지나 오솔길을 걸었다
회동동천 맑은 물에 천연물감을 풀어놓은 듯
활엽수림 이파리들 홍안으로 구르는데
산기운은 햇살 만나 가슴에다 꽃불을 지피고
마음은 바람무늬 따라
더북한 낙엽길을 뒤적인다
개울물소리, 낙엽 밟는 소리
뭇골의 가을을 깨우는데
선경을 들 수 없는 속물이 풍경에 취해
자꾸만 뒤돌아보고.

해운대 누리마루에서

고운 선생의 발자취가 남겨진 해운대에서
머언 바다를 조망하며, 세계의 정상들이 환담하던
그 누리마루에 앉아 사색에 잠겨본다
왜놈들의 노략질을 감시하던 백산 첨이대에서
봉홧불을 지피던 간비오산에서
왜장을 끌어안고 뛰어내린 두 기녀의
고결한 영혼이 깃든 이기대 벼룻길에서
고난의 역사를 읽고,
미사일 방어망이 얽힌 장산봉 아래 세계인들이 모여
센텀 국제영화제에서 '한반도'를 감상한다
바다 축제가 열리는 백사장을 끼고
피로에 젖어 잠시 눈을 붙이던 조선호텔에서
아침부터 달맞이길 삼포길로 나서면
대마도가 가시 거리로 좁혀진다
저 망망대해, 선인들의 체취가 파도처럼 일렁이는데
맨몸으로 현해탄을 건너가 '독도는 우리 땅' 임을
에도막부로부터 인장을 받아내던
안용복 장군의 피맺힌 역사를 생각한다.

천사의 섬
— 안좌도에서

봄물에 출렁이는 낯선 바다 보고 싶어
남도 '천사의 섬'을 찾았다
어느 시인의 '그리움'이 묻어 있는
압해도 송공에서 암태도 오도를 향해
마음 출렁이며 뱃길을 건너보니
'의로운 농민의 혼이 깃든'
파아란 마늘 밭에 눈이 멎는다
팔색조가 사는 팔금도일까
천사가 사는 안좌도일까
뿌우연 안개 속으로 천사가 숨어버렸나
수화樹話*의 흔적도
'천사의 다리'도 밟지 못하고
끝없이 이어지는 천사의 섬,
바람 따라 바람의 천사가 되었는지
무심한 물결만이 가슴에 출렁거린다.

* 이 고장 출신의 추상미술의 대가, 김환기金煥基(1913~1974) 화백의 호.

안면도 게다리

서녘 하늘이 붉게 탄다
안면도 게다리에 불덩이가 걸려 바다에 추락하기 직전
한 컷 담으려고 차창으로 몰리는 관객들 모습에서
잡으려다 놓쳐버린 첫사랑을 읽는다
싱그런 갯내음이 코끝에 앉아 바닷가 '서풍'팬션에 여장을 풀고
때마침 대하축제가 떠들썩한 해안가를 따라 가니
'대하랑꽃게랑인도교'가 무지갯빛으로 바다를 건넌다
은하수를 건너듯, 바다의 밀어를 담고 있는
황홀한 사념의 다리로 올라서다
저 너머 꼴뚜기가 있는지, 꽃게가 있는지
대하의 꿈을 안고 바다를 건너
강태공이 있을 법한 곳까지 부푼 생각들이 끓어오르다 만다
시드니항의 하버브릿지보다 향수享受 짙은 밤이다
넌 오늘 밤이 생애 최고의 핑크빛을 선물하고 있다
안면도의 평안한 밤이다.

금원산의 가을

파아란 하늘
짙어가는 산빛이
노을처럼 물들어가고
깊어가는 가을의 정취가
선녀담 물빛으로 흐르는데
자운폭포 맑은 기운이 포말처럼 피었다 진다

머잖아
나뭇잎들은
한잎 두잎 떨어지고
찬바람에 우는 낙엽소리
사랑하는 이들 가슴에 그리움만 남기고
나목들은 또 그렇게 온몸으로 떨어야겠지.

남한산성

청명한 하늘에 가을비가 내린다
역사의 아픈 눈물이 나를 깨우려는 듯
병자년 그날은 눈바람이 불었을까
독 안에 든 쥐같이 굶주림과 한파가
몸과 마음을 핥고 있었을까
삶과 죽음 앞에서도 네가 옳으니, 내가 옳으니
치욕과 자존이 공존했을까
하늘이 무너져도 솟아날 구멍은 있다고
삼배구고두三拜九叩頭*하고도
자성하지 못하는 겨레의 가슴 속에 아직도 피가 흐르는가
삼학사의 피눈물이,
호냥년 호로자식들이
능멸과 치욕의 역사 속에서도
분단의 골육상쟁을 벗어나지 못하는 겨레 앞에
빛은 어디에 있는가
옛 선조들의 성지에서 상념에 잠겨
가을비 속으로 낙엽을 밟는다.

* 병자호란 때 조선 인조가 삼전도에서 청태종 앞에 꿇어앉아 한 번 절할 때마다 세 번씩 머리를 땅에 찧었다고 한다.

내 영혼이 숨쉬는 해운대 앞바다

장마철 까무러지는 몸뚱이 깨우려고
해변길을 걸었다
아침부터 자욱한 안개비가
창틀에 맺히고 있었다
장맛비가 그치면 으레 자욱하다
기온이 30도를 오르내리고
바람 없는 날은 더욱 짙다
광안대교 다릿발이 사라지고
하늘을 찌를 듯하던
빌딩숲이 침묵 속에 잠긴다
적막한 고요, 몽환적인 그림을 그리고 있다
바람이 불면 희뿌연 빌딩숲이 흙탕물에
샘물이 흘러들 듯 본모습이 드러난다
햇살이 침묵을 깨트린다
갈매기들은 물길을 차고 비상한다
바다는
새 생명이 태어나듯 영기靈氣를 깨운다

속리산 세조길을 걷다

법주사 일주문을 들어서니 호서제일가람답게 아늑한 법주사의 전경이 펼쳐진다 오른쪽 계곡을 따라 세조길에 들어서면 활엽수 이파리들이 하늘을 가려 신선한 바람이 선경을 안내하듯 마음이 평온하다 뭣 보담도 저수지 물이 넘쳐흘러 폭포를 이룬 절경이 한 폭의 그림이다 여름 폭우가 아니면 볼 수 없는 선경이다 웅장하면서도 난폭하지 않고, 고요하면서도 장엄함이 속세를 떠난 속리의 매력이다 주위 산세에 눌려 걸음이 오그라드는데, 더위가 찬기로 바뀔 즈음 어느 새 세심정 휴게소에 닿았다 파전 안주에 속리의 막걸리 맛 온몸이 녹는다

산은 세속을 떠나지 않는데
속인은 산을 떠난다니*
나는 나도 모르고 산도 모르는데
산에 들면 산이 좋고
계곡을 만나면 계곡이 좋더라
굽이마다 바람의 정겨움이
빗물처럼 마음을 적시는데
산골 물소리가 첫사랑처럼
동반자의 가슴에도 들리는지.

*최치원의 '山非離俗俗離山'에서 따옴.

향비묘원

신장 위구르족의 정신적인 고향, 카슈가르에는
'향비묘원'이 있다
파아란 하늘빛 눈동자에 옥빛 피부의 여인,
생전에 몸에서 향기가 나
나비들이 따라다녔단다
쿤룬의 옥빛이 여인의 피부까지 물들였을까
이곳 과일은 당도가 세계 제일이라니
대추나무 밭에도 과일향이 나비처럼 팔랑거렸겠다
청나라 건륭황제의 첩이 된 향비,
황제의 사랑도 거부한 위구르 여인의 정절
마음까지 향기가 난다
상처 받은 위구르인의 자존심이 고비사막을 넘었을까
궁전 같은 이슬람식 묘원에는
지금도 인공 나비 떼가 유람객들을 따라다닌다
밤이면 첨탑 꼭대기에는
금빛 초승달이 뜨고,
위구르인들의 기도도 끊이지 않는다.

계간문예시인선 **142**

박석현 제5시집_ 바람의 눈

초판 인쇄 | 2019년 6월 01일

초판 발행 | 2019년 6월 10일

—

지 은 이 | 박석현

회 장 | 서정환

발 행 인 | 정종명

편집주간 | 차윤옥

—

펴낸곳 | 도서출판 **계간문예**

편집부 | 03132 서울 종로구 삼일대로 30길 21 종로오피스텔 1209호

주소 | 03132 서울 종로구 삼일대로 32길 36 운현신화타워 305호

전화 | 02-3675-5633, 070-8806-4052

팩스 | 02-766-4052

이메일 | munin5633@naver.com

등록 | 2005년 3월 9일 제300-2005-34호

ISBN 978-89-6554-201-8 (04810)

ISBN 978-89-6554-118-9 (세트)

—

값 10,000원

—

잘못 만들어진 책은 바꾸어 드립니다.

이 도서의 국립중앙도서관 출판예정도서목록(CIP)은 서지정보유통지원시스템 홈페이지(http://seoji.nl.go.kr)와 국가자료공동목록시스템(http://www.nl.go.kr/kolisnet)에서 이용하실 수 있습니다. (CIP제어번호: CIP2019022064)